BUDDHABOXEN

Eine Bewegungsmeditation

The Art of Moving

Wilhelm Beyersdorf
Ulrich Fromme

BUDDHABOXEN

Eine Bewegungsmeditation

Edition Buddha Bärchi

Bibliografische Information der Deutschen Nationalbibliothek:

Die Deutsche Nationalbibliothek verzeichnet diese Publikation in der Deutschen Nationalbibliografie; detaillierte bibliografische Daten sind im Internet über http://dnb.dnb.de abrufbar.

© *2016 Edition Buddha Bärchi*

Lektorat: **Sonja Sobotta, Dietmar Bittrich**

Fotos: **Andreas Jacobsohn**

Umschlagillustration: **Svato Zapletal**

Kontakt**: *buddhaboxen@web.de***

Herstellung und Verlag: BoD – Books on Demand, Norderstedt

ISBN: 978-3-74120-883-6

Inhalt

Bewegung und Meditation 7
  Welche Vorteile hat Buddhaboxen? 8
  Hat Buddhaboxen etwa auch Nachteile? 10
  Den Motor anlassen 12
  Den Tonus wecken: Vier innere Bewegungen....... 12
  Eine Faust formen 13
  Stellung beziehen 14
  Wasserschlauch – Schläge..................................... 14
  Der leere Blick 15
  Im Feld bleiben 16
  Sich unter Wasser bewegen 16
Der lachende Atem 17
  Die lachenden Übungen 20
  Die Klatschübung „Hoho Hahaha" 23
Wuwei und Anfängergeist 24
Das Warm–Up.. 28
  „Mountain Body" – der Geist des Berges.............. 28
  Energy Shake 31
  Kreisschläge: Joggen mit den Armen 33
  Organische Bewegungen.. 35
Die Ebene der Vorstellungen 38
  Treffen wollen, nicht getroffen werden wollen 42
  Ohne Standpunkt. Punkt. 43
  Nothing to do, nowhere to go................................ 44
Partnerübungen.. 46
  Einstimmung: Das Zahlenspiel 47
  Der nonverbale, physische Dialog 48
  Das Kampfspiel junger Löwen 49
  Boxen? „Soft Touch"!.. 50
  Im Kämpfen das Kämpfen beenden 51

Die Praxis der Partnerübungen 53
  Begrüßungsschläge 53
  Alle schlagen in die Mitte 53
  Boxmassage 53
  Auf die Handschuhe 54
  Fechten mit der Faust 55
  Störche auf einem Bein 55
  Doppelschlag mit Kniebeuge 56
  Balance mit Ball 56
  Aneinander kleben 58
  Blindes Boxen 59
  Den Körper arbeiten lassen 59
  Freestyle 61
  Teamwork 63
Let Go – die abschließende Entspannung 64
  Im Wasser stehen 64
  Die Atmung beruhigen 65
  Eine Kerze auspusten 65
  Die Gravitationsübung „Fahrstuhl fahren" 65
  Der Minimal Energy Shake 66
  Die Liegeübung „Der ruhende Buddhaboxer" 66
Buddhaboxen als Energiemedizin 67
  Eumetrie der Pulsationen 68
  Die Stärkung der Widerstandskraft 72
Buddhaboxen und Gesellschaft 75
  Fitness, Sport und Buddhaboxen 75
  So kann Meditation auch praktiziert werden? 78
  Buddhaboxen im Coaching 79

Bewegung und Meditation

Buddhaboxen ist für alle geeignet, die einen Zustand entspannter Stärke erreichen wollen. Buddhaboxen besteht aus einfachen Bewegungstechniken. Jeder kann sie sofort erlernen. Die Techniken führen zu dem, was Buddha als Ziel ausgegeben hat: kraftvolle Gelassenheit.

Hat Buddha geboxt? Wahrscheinlich nicht. Zwar war der Faustkampf zu seiner Zeit längst bekannt. Doch Buddha selbst bevorzugte, wie seine Schüler berichten, sanfte und spielerische Bewegungen. Er konnte lange konzentriert still sitzen - und machte dann leichte Übungen zur Entspannung des Körpers. Diese Übungen vollführte er mit ruhiger Kraft. Sie waren stets eine Einheit aus Bewegung und Meditation. Genau das ist Buddhaboxen.

Buddhaboxen ist also kein Kampf. Es ist immer ein spielerisches Geschehenlassen. Es nimmt Techniken des Boxens auf - und streift deren Schwere ab. Buddhaboxen ist Leichtigkeit in Aktion. Es führt zu jenem Lächeln, das den Buddha kennzeichnet. Es führt zu souveräner Heiterkeit.

Für die Übungen ist keine Vorbildung erforderlich. Leichte Trainingskleidung ist gut. Turnschuhe schützen besser als Barfüßigkeit. Ein Paar gefütterte Handschuhe - gern Boxhandschuhe - machen mehr Spaß als Buddhaboxen mit bloßen Händen. Aber beides ist möglich. Und das ist schon alles.

Welche Vorteile hat Buddhaboxen?

1. Buddhaboxen vereint die entspannende Wirkung des Lachyogas mit der nachhaltigen Kräftigung eines leichten Boxtrainings. Die *Energie-Minimal-Techniken* passen sich jedem Leistungsniveau an, jedem Aktivitätsbedürfnis, jedem Alter.

2. Während der Körper zu entspannter Stärke gelangt, ruhen Geist und Seele immer mehr in kraftvoller Gelassenheit. Diese Entwicklung verläuft parallel.

3. Gehandelt wird stets aus dem, was Buddhisten den *Anfängergeist* nennen – und was Jesus mit *werdet wie die Kinder* umschrieben hat. Also aus einer ursprünglichen, unverbildeten Freiheit. Die ist immer da. Im Buddhaboxen öffnet sie sich.

4. Weil nicht viel geredet wird, wird spielerisch *nonverbale Kommunikation* trainiert. Also das Erkennen und Deuten von mimischen Zeichen, Gesten, winzigen körperlichen Signalen. Der Blick dafür wird geschärft. So entwickelt sich Selbstsicherheit. Situationen in Alltag und Arbeitsleben werden intelligenter gemeistert.

5. Buddhaboxen trainiert selbstbewusstes Handeln im physischen Kontakt. Frauen berichten, dass ihre Selbstsicherheit gefestigt wird – und dass sie in Beziehungssituationen nun gelassen und souverän zu handeln vermögen.

6. Gesellschaftliche Spannungen hinterlassen Spuren in der Persönlichkeit. Im Buddhaboxen werden sie auf heitere Weise ausagiert. Was gestaut war, kommt in Fluss. So ist Buddhaboxen ein natürliches Antidepressivum.

7. Der grübelnde Verstand bekommt Ferien. Die um sich selbst kreisenden Gedanken gelangen zur Ruhe. Buddhaboxen ist Urlaub vom Ich.

„Sport ist Mord, aber ein bisschen Bewegung hat noch niemandem geschadet." .- Albert Einstein

Hat Buddhaboxen etwa auch Nachteile?

Ja! Es lässt sich nicht verschweigen. Hier sind sie.

1. Buddhaboxen funktioniert nicht auf dem Sofa.

2. Es gibt Übungen, die sich allein im Wohnzimmer machen lassen. Doch es ist schlauer, die Komfortzone zu verlassen.

3. Kopfmenschen – meist Männer - müssen sich an das Vertrauen in die körperliche Intuition erst gewöhnen.

4. Ehrgeiz wird nicht belohnt beim Buddhaboxen. Es geht nicht darum, der Beste zu sein. Es geht nicht mal darum, gut zu sein. Es geht um die Entspannung von solchen Zielen.

5. Das Trainieren in der Gruppe kann Überwindung kosten.

6. Im Gegensatz zum Yoga kommt es zum physischen Kontakt mit anderen. Zwar auf leichte, entspannende Weise – aber ein Kontakt ist da!

7. Es gibt zwar sogenannte Schlagtechniken. Trotzdem wird nicht geschlagen. Wer Aggressionen austoben will, ist hier falsch.

Die Energie Minimal Techniken

Um eine angenehme Grundspannung des Körpers zu erzeugen, gibt es ein paar leicht zu praktizierende Empfehlungen, die als *„Energie-Minimal-Techniken"* bezeichnet werden:

Den Motor anlassen

Alles Üben beginnt im Leerlauf. mit einem ruhigen, tiefen Tempo dem Motor die Möglichkeit geben, sein individuelles Tempo und seine natürliche Drehzahl zu finden. Der Buddhaboxer betätigt nur den „Anlasser", das sanfte In-Bewegung-bringen des Körpers.

Den Tonus wecken: Vier innere Bewegungen

Der Tonus – also eine angenehme energetische Grundspannung des Körpers – kann durch die sogenannten vier inneren Bewegungen etabliert werden:

– Das Kinn sanft leicht nach hinten oben ziehen, so dehnt sich die obere Wirbelsäule.

– Nahtlos anschließend kann das Becken nach vorn kippen und die Bauchdecke sich nach innen ziehen, so dass auch die untere Wirbelsäule angenehm gedehnt wird.

– Nun können aus einer Entspannung der Schultern heraus die Arme sich Richtung Boden dehnen und auch die Hände sich an der

Handwurzel dehnend strecken.

— Zum Abschluss sollen sich die Beine sanft dehnend strecken.

Die „Vier inneren Bewegungen" haben auch eine heilende Wirkung: sie lösen typische, körperliche Stressmuster. Unter Stress wird oft unbewusst ein Hohlkreuz ausgebildet, die Schultern werden angespannt hoch gezogen.

In der Lösung dieser körperlichen Fehlhaltungen in den Vier inneren Bewegungen findet eine Entspannung des Körpers und der Psyche statt. Eine organische Wirkung erzielt hier auch die kippende Aufrichtung des Beckens: die Bauchmuskulatur wird aktiviert, wodurch sich die Lendenwirbelsäule stabilisiert.

Diese vier sanften Bewegungen sind eine nahtlose Bewegung und werden auch vor dem Reiterstand „Mountain Body" ausgeführt.

In dieser Kombination aus minimalen Bewegungen und dem lachenden Ausatmen wird eine energetische Grundspannung des gesamten Körpers schon nach einigen Momenten erzeugt.

Eine Faust formen

Um einen angenehmen Tonus der Faust zu erreichen, kann die Hand vom kleinen Finger aus geschlossen werden, so das etwas Volumen in den Händen bleibt und kein Druck entsteht.

Die „leere Hand" des Karate kann hier als Mittelweg verstanden werden: weder drückt man sich durch zu starkes Pressen den Fluss der Lebensenergie ab noch schließt man die Hand zu lasch, wodurch gar keine energetische Spannung entstehen könnte.

Stellung beziehen

In der Grundstellung der Partnerübungen sind die Beine nicht durchgestreckt, sondern in leicht federnder Stellung. Der Schwerpunkt des Körpers befindet sich in der Körpermitte: der Oberkörper ruht auf den Beinen. Die Last des Oberkörpers leitet sich in die Erde ab.

Der Übende steht schulterbreit in Rechts- oder Linksauslage (das bezeichnet, dass jeweils das rechte oder linke Bein sich vorn befindet). Der Stand ist „solide" schulterbreit, um nicht zu schnell aus dem Gleichgewicht gebracht werden zu können. Die Hacke des vorderen Fußes befindet sich auf Höhe der Zehen des hinteren Fußes (individuell kann auch tiefer gestanden werden).

Wasserschlauch – Schläge

Die Boxbewegungen werden als Energie-Minimal-Techniken ausgeführt, reduzieren energetischen Verlust und schonen die Gelenke. Es sind natürliche Bewegungen, die weder übertrieben noch gehemmt werden.

Die Boxbewegungen der Arme werden begleitet von der Vorstellung eines Schlauches, der spontan unter Wasserdruck gerät und seine Spannung auf dem direkten Weg erreicht. So kann mit Energie - Qi - und nicht muskulär geschlagen werden. Dieser direkte Weg der Bewegung kann als „natürlich" bezeichnet werden, weil keine Vorstellung den Körper zu irgendeiner „Technik" oder starken muskulären Anspannung zwingt.

Der Buddhaboxer schlägt bei den Boxbewegungen nicht ganz aus, sondern nur bis zur gelenkschonenden, „natürlichen Haltung". Das entspannte Hängen der Arme am Körper ist das physiologische Bild der natürlichen Haltung.

Der leere Blick

Üblicherweise positionieren sich die Menschen permanent mit den Augen: andauernd wird bewertet, ausgewertet und eingeschätzt. Der leere Blick hingegen entspannt. Hierzu löst sich der Verstand aus dem Blick. Die Regie wird an die Intelligenz des Körpers abgegeben. Während des Buddhaboxens verzichtet man auf Feststellungen aus dem, was man sieht. Alles bleibt fließend. Ein positiver Aspekt des leeren Blickes ist auch, dass das Panorama des visuellen Sicht- und Wahrnehmungsfeldes vergrößert wird im Gegensatz zu einem „fixierten Blick".

Im Feld bleiben

Der Mensch ist ein elektromagnetisches Feld. Er „funkt" auf seiner jeweiligen Frequenz. Um dieses Feld nicht zu schwächen, sind Bewegungen nicht über eine natürliche Haltung des Körpers hinaus auszudehnen. Physiologisch bedeutet das unter anderem, die Gelenke nicht „bis zum Anschlag auszufahren" und nicht „außer Atem" zu kommen.

„Genau soweit kann ich sehen und denken", sagte der Zenmeister Richard Baker–Roshi während er seinen Arm ausstreckte und damit die Grenzen seines elektromagnetischen Feldes beschrieb.

Sich unter Wasser bewegen

Die Vorstellung „Sich unter Wasser bewegen" soll während der Bewegungsaktivität dem Körper einen Geschmack davon vermitteln: der „Wasserdruck" auf die Körperoberfläche trainiert das Herz, das Atmen muss gegen den Wasserdruck arbeiten (so wird die Atemmuskulatur gestärkt), die Gelenke werden durch den Widerstand geschont und es werden der Körpermuskulatur sanft Reize gesetzt.

Die aufgeführten „Energie-Minimal-Techniken" sind ein Baustein hin zu einer Eumetrie der Bewegungen: dies meint richtig dosierte und ausgeführte Bewegungen, bei denen es *nicht* zu überschießenden (Hypermetrie) oder zu kurz dimensionierten (Hypometrie) Zielbewegungen kommt.

Der lachende Atem

Die leichte Aufmerksamkeit auf „den lachenden Atem" bewirkt eine mentale Entspannung und ungezwungene Wachheit und unterstützt die Selbstregulation des Körpers.

Sie ähnelt der Achtsamkeit auf den Atem in den buddhistischen Sitzmeditationen.

Die praktische Umsetzung zur Initiation des lachenden Atems ist sehr einfach:

– man begleitet und vertont das Ausatmen mit einem „Ha-Ha-Ha-Ha"

– unterstützen kann man dies mit einer anstrengungslosen Achtsamkeit auf den Atemvorgang durch die Vorstellung: „Einatmen lassen, Ausatmen wollen", um die Atmung sanft zu vertiefen

– Alternativ kann sich auch während des Ausatmens ohne Bemühung auf den sogenannten „Hara" konzentriert werden: ein energetisches Nervenzentrum, vier Finger breit unter dem Bauchnabel. Auch dadurch wird das Ausatmen sanft vertieft und verlängert, in der Folge wird auch das Einatmen intensiviert, mehr neuer Sauerstoff aufgenommen und verbrauchter Restsauerstoff aus den Lungen ausgeatmet.

Die Lungenatmung wird so zur Bauchatmung. Als Folge löst sich nach und nach der muskuläre Panzer im Kopf- und Oberkörperbereich, auch das muskuläre Korsett des Körpers entspannt sich, wird energetisiert und sanft aktiviert, so das eine Art natürlicher Stabilisierung eintritt.

Das die Atmung begleitende Lachen entspannt zusätzlich die Skelettmuskulatur. Anfangs kann sich der Herzschlag beschleunigen. Nach einiger Zeit des Übens beruhigt er sich dann jedoch, so dass der Blutdruck sinkt.

Diese spezielle Form der Atmung – der lachende Atem - ist ein effektives Muskeltraining ohne die Muskulatur bewusst und mechanisch anspannen zu müssen, weil der Lachreflex hunderte Muskeln im Körper trainiert. Jeder kennt ihn: den Muskelkater nach intensivem Lachen.

Die Achtsamkeit auf den lachenden Atem hat neben mentaler Entspannung, Angstminderung etc. auch den physiologischen Sinn, den Atem möglichst ungehemmt fließen zu lassen. So vermindern sich Blockaden, die bei willentlich ausgeführten Bewegungen den Atemfluss unterbrechen und so zu Verspannungen führen.

Nach und nach löst sich schließlich auch die Achtsamkeit auf den lachenden Atem zu einem freien Atmen.

Der lachende Atem als Meditationsübung lässt den Menschen sich selbst in den Ein- und Ausatem hinein vergessen. Dann kann ein Zustand auftauchen, den man tatsächlich als „Im Hier und Jetzt-Sein" bezeichnen kann.

In der Zeitschrift „Xen" (Nr.3, Herbst 2005) beschreibt Gerald Weischede in „Ankommen im Atemkörper" die Praxis der Achtsamkeit auf den Atem als Wuwei-Übung: „Schon im frühen Kindesalter war ich durch mein Asthma gezwungen, mich intensiv mit dem Atem zu beschäftigen... Als Jugendlicher und junger Erwachsener habe ich mich dann auf andere Art mit dem Atem beschäftigt: ich habe Leistungssport betrieben. Der Aspekt der Leistung hat mich dann später auch wieder davon weggebracht. Geblieben ist mein Interesse an körperlichen Grenzüberschreitungen.

Ich fahre gerne Rad, ich jogge gerne. Der Beginn ist immer anstrengend. Das weiß ich, und ich kann mich darauf einstellen. Und dann laufe ich oder fahre solange Rad, bis ich über dieses Gefühl von „ich muss mich anstrengen", „ich muss schnell fahren", „ich muss schnell laufen" hinaus bin.

Es ist immer wieder das Überschreiten einer Grenze bis zu dem Punkt, an dem ich mich nicht mehr anstrengen muss. Dabei muss ich dennoch ein bestimmtes Anstrengungsniveau halten. Die Anstrengung wechselt über in eine Leichtigkeit, ein Gefühl, bewegt zu werden. Es entstehen Augenblicke von tiefer Stille und Unbewegtheit mitten in der Bewegung. In einer Situation von schneller Bewegung taucht das Gefühl von Angekommen-sein auf; absolute Entspannung inmitten einer Bewegung.

Wenn wir jetzt in diesem Augenblick unseren Körper betrachten, können wir etwas Überraschendes erkennen. Wir können mit unseren Gedanken in Afrika sein oder im Vorgestern oder Übermorgen. Diese Möglichkeit hat unser Körper nicht. Er ist immer hier, angekommen. Mit anderen Worten: um wirklich im Augenblick zu sein, brauchen wir uns gar nicht so weit fort zu denken. Wir müssen nur ganz in unserem Körper ankommen.

Unser Körper ist nur einen Atemzug entfernt. Und dann lassen wir auch da los."

Die lachenden Übungen

Am Anfang einer Übungseinheit stehen einige Übungen, die angelehnt sind an das mittlerweile weltweit bekannte Lachyoga. Diese Übungen geben eine erste Einstimmung auf den lachenden Atem und die Idee des Wuwei.

In den lachenden Übungen des Buddhaboxens lacht zunächst noch der Verstand. Jedoch sind diese mechanisch ausgeführten Übungen, die bereits alle positiven Wirkungen des Lachens aktivieren, schon ein erster Türöffner zu einer ganzheitlichen Regulation des Organismus.

Die lachenden Übungen sind eine mentale Aufwärmphase und eine Einstimmung auf einen nonverbalen Dialog der Übenden. In Bezug auf die späteren Partnerübungen ist das gemeinsame Lachen auch eine Freundschaftsgeste, baut Stress ab, entspannt mental, verbindet und erzeugt Wohlbefinden.

Durch den Lachimpuls wird im lachenden Atem verbrauchter Restsauerstoff ausgeatmet und frischer Sauerstoff im sich vertiefenden Einatem aufgenommen.

Darüber hinaus

- wird das Immunsystem stimuliert
- werden Herz und Kreislauf anregt
- werden die Stresshormone Cortisol und Adrenalin abgesenkt
- werden Endorphine mit schmerzlindernder Wirkung erzeugt.

Im Üben des lachenden Atems werden die Atemmuskulatur und der Körper gestärkt und auf die Anforderungen der folgenden Buddhaboxübungen eingestimmt.

Künstler lassen zuweilen Musik im Hintergrund laufen, um in einen für ihre Tätigkeit günstigen Geisteszustand zu kommen: im Auftauchen der Musik wird die Aufmerksamkeit des Denkens an die Musik gebunden und von der künstlerischen Aktivität abgelenkt. Der künstlerische Ausdruck entsteht so „wie von selbst".

Die Musik des Buddhaboxens ist der lachende Atem. Das Instrument der Körper.

Neben den im Lachyoga bekannten Übungen entstehen während des Buddhaboxens auch immer wieder spontan neue Übungen durch die TeilnehmerInnen. Im Folgenden ein kleines Potpourri einfacher Lachübungen in der Gruppe:

Im „Begrüßungslachen" schütteln sich die Buddhaboxer reihum herzlich die Hände, schauen sich dabei in die Augen und begrüßen sich lachend.

Mit dem „Lachshake" spendieren wir uns einen erfrischenden Lachdrink.

Mit dem „Selbstlob-Lachen" stärken wir unser und das Selbstwertgefühl der anderen Buddhaboxer augenzwinkernd.

Das „Löwen-Lachen" imitiert einen starken, fröhlich brüllenden Löwen und ist angelehnt an das klassische Yoga, indem es Akupunkturpunkte anspricht.

Im „Cowboy-Lachen" ziehen wir fröhlich unsere Colts und schießen in die Luft.

Gespielt erschrocken blicken wir auf eine imaginäre Uhr und stellen fest – es ist „Zeit zum Lachen"! Durch diese Erkenntnis prusten alle spontan vor Lachen los.

Um auch der Hygiene Genüge zu tun, reinigen wir mit der „Zahnseide für das Gehirn" dasselbe von lästigem Gedankenmüll.

Von Alltagssorgen befreien sich die Lachboxer spielerisch, indem sie „lästige Post entsorgen": wir nehmen lästige Briefe mit der Hand auf und werfen sie dann lachend über unsere Schulter nach hinten in einen imaginären Papierkorb.

Die Klatschübung „Hoho Hahaha"

Nach zwei bis drei Lachübungen kann ein Durchgang der Klatschübung „Hoho Hahaha" eingelegt werden:

Es wird mit gespreizten Fingern kräftig in die Hände geklatscht, jeweils zu einem „Ho" oder „Ha".

Diese Übung aktiviert die Akupressurpunkte in den Fingern und Händen, aktiviert das Zwerchfell und reinigt die Lungen.

Wuwei und Anfängergeist

In der chinesischen Terminologie bezeichnet „Wuwei" Wirken (Wei) aus dem Unbekannten (Wu). Es wird durch Nicht-Handeln bzw. Nicht-Tun verursacht. Wuwei ist weder Denken noch Nicht-Denken und: Nicht-Tun bedeutet nicht Nichtstun.

„Niemals machen und doch bleibt nichts ungetan." - Zhuangzhi

„Youwei" hingegen bezeichnet Wirken (Wei) im Bekannten (You). Es wird aus willentlichem, bewussten Handeln bzw. Tun verursacht. Youwei ist Handeln aus Denken. Ist nicht alles Handeln in „der Gesellschaft" Youwei?

„Dieser Aspekt der Nutzlosigkeit jeder willentlichen Handlung lässt den Weisen eine erstaunliche Feststellung treffen", schreibt Ramesh Balsekar. „Glück gehört nur dem Meister der Untätigkeit, für den sogar das natürliche Öffnen und Schließen der Augen eine Beschwerde zu sein scheint. Der Weise will damit sagen, dass das Blinzeln der Augen, wenn man dies als einen willentlichen Vorgang betrachtet, eine wirkliche Last sei. Das Blinzeln, der Atmungs- und Verdauungsprozess und das Wirken des unvorstellbar komplexen Nervensystems sind alles unwillentlich ablaufende Vorgänge im menschlichen Körper-mind-Organismus. Sie bedürfen keiner willentlichen Eingriffe durch ein Ego. Für den „Meister der Untätigkeit" sind alle Handlungen, die durch seinen Körper-mind-Organismus geschehen, ebenso vom Willen unbeeinflusst wie die physischen Vorgänge. Er betrachtet sich selbst nicht als den individuell Handelnden irgendwelcher Tätigkeiten, die durch seinen Körper-mind-Organismus vor sich gehen. Deshalb wird er von dem Weisen der „Meister der Untätigkeit" genannt."

Vom *Youwei* zum *Wuwei* bedeutet vom Denken als Impulsgeber mechanischer Bewegungen hin zu der Intelligenz des Körpers als Taktgeber organischer, frei fließender Bewegung. Handeln aus Wuwei ist spontaner und damit „schneller" als Handeln aus Youwei, weil die Zeitspanne der gedanklichen Initiation der Bewegung entfällt. Im Buddhaboxen *Wuwei* zu üben und subtil zu verfeinern, ist ein tiefgründiger Spaß!

Der japanische Zenmeister Shinryu Suzuki-Roshi betitelte ein Buch „*Zengeist – Anfängergeist*". Demnach hat der Geist des Anfängers viele Möglichkeiten, ist offen. Der Geist des Spezialisten hingegen hat nur wenige Optionen, ist eingeengt, fokussiert, schließt aus. Anfängergeist schließt den Spezialisten jedoch nicht aus, er gibt dem Spezialisten (dem „denkenden Verstand") nur temporär Urlaub zur Entspannung. Der Spezialist kommt danach sogar gestärkt zurück.

Der Anfängergeist des Buddhaboxers hegt keinerlei Absicht, Informationen weiter zu verfolgen, auszuwerten oder zu analysieren. Der Anfängergeist bleibt beim Anfang, das heißt, bei der ersten, unbeeinflussten Wahrnehmung, handelt spontan daraus und spekuliert nicht.

„Wuwei ist die allerschwierigste Beschäftigung und zugleich diejenige, die am meisten Geist voraussetzt." - Laozi

Im Buddhaboxen wird keine Lösungsmöglichkeit angeboten: Die Intelligenz des Körpers findet deine Lösungen!

Das Warm-Up

Das Warm-Up energetisiert und beatmet den physischen Körper. Es kann variabel gestaltet werden. Eine bewährte Form besteht aus dem sogenannten „Energy-Shake", dem Reiterstand „Mountain Body" und der Ausführung von Kreisschlägen. Begleitet werden diese Übungen von physiotherapeutischen Kräftigungs – und Dehnungsübungen.

„Mountain Body" – der Geist des Berges

In China besteht ein Aufnahmeritual für die Shaolinklöster darin, dass der Bewerber im sogenannten Reiterstand – dem „Mountain Body" des Buddhaboxens - stundenlang vor dem Kloster verharrt. Eine der vermutlich anspruchsvollsten Übungen für den menschlichen Körper.

„Der Geist des Berges" ist ein Hinweis auf die Berge, die in den verschiedenen spirituellen Schulen als „Kraftorte" – Orte mit einer besonderen energetischen Strahlung und Stärke – angesehen werden. Beispiele sind der Berg Arunachala in Indien oder auch die Externsteine in Deutschland.

Mountain Body ist eine Übung, die sehr hart ist und paradoxerweise nur gemeistert werden kann, wenn wir sanft und durchlässig werden.

Mountain Body ist eine Übung der Widerstandslosigkeit. Hier wirkt keine willentliche Anstrengung. Warum? Weil jeglicher Versuch, Anstrengung und Energie einzusetzen, zum Gegenteil führt, nämlich zu einer Blockade.

Mountain Body ist nur erfolgreich ausführbar, wenn sich jegliche Anstrengung löst. Es ist eine Praxis, die die Grenzen willentlicher Bemühung aufzeigt.

Der Körper steht in Ruhe – wie ein Berg: es kann keinerlei energetische Entladung durch Bewegung stattfinden. Die Übung bewegt in Gegenrichtung dessen, wonach der Körper verlangt. Der Weg des Reiterstands führt von kein Schmerz zu Schmerz und dann von Schmerz zu kein Schmerz.

Als Basisübung, um „dem Körper Urlaub zu geben", eignet sich diese Übung ausgezeichnet. Denn über die Wirksamkeit von Mountain Body muss nicht nachgedacht werden: durch seine sanfte Intensität, die keiner weiteren Anstrengung bedarf, richtet sich der Fokus der Wahrnehmung ganz natürlich auf den Körper.

Im Buddhaboxen steht der Mountain Body nicht für sich allein. Er wird genutzt, um das Qi, also die Energie, abzusenken, das Qi anzuregen und ein Qi-Gefühl kennen zu lernen. Je Sequenz sind 2-3 Minuten völlig ausreichend.

Hier nun die praktischen Hinweise zur Ausführung des Mountain Body:

- Die Breite und damit Tiefe des Mountain Body kann individuell gewählt werden. (Jedoch so tief stehen, dass eine deutliche Körperspannung gespürt wird.)
- Eine Variante der „vier inneren Bewegungen" ausführen, bevor man den Körper in diese Position entlässt: 1. Das Kinn sanft nach hinten oben ziehen 2. Das Becken nach vorne klappen und die Bauchdecke sich nach Innen ziehen lassen (dadurch wird die untere Wirbelsäule stabilisiert und die Bauchmuskulatur aktiviert) 3. Die Beine rund werden lassen, die Knie nach Außen dehnen (durch diese Außenrotation der Knie kommt es zu einem optimierenden Belastungstraining der Fußsohle) und 4. Die Zehen kurz in den Boden krallen, dann die Fußsohlen locker lassen (als physiologische Ausrichtung des Fußgewölbes)
- Oberkörper und Wirbelsäule sind zwanglos aufgerichtet – die sogenannte „physiologische Aufrichtung"
- Die Augen schauen gerade nach vorn
- Die Knie bedecken die Fußspitzen, die Fußspitzen sind leicht nach Innen geneigt
- Der Schwerpunkt des Körpers befindet sich in der Mitte
- Der ganze Körper ist entspannt, damit das Qi nach unten fließen kann

- Den Atem nicht beeinflussen
- Durch die Nase ein- und ausatmen
- Die Hände formen einen Qi-Ball.

Besondere Trainingseffekte des „Mountain Body" sind ein Muskeltraining der Oberschenkel (ein Laktattraining der arbeitenden Oberschenkelmuskulatur, das die Ausdauerfähigkeit erhöht) und ein allgemeines Herz- und Gefäßtraining, weshalb diese Übung nicht angeraten ist bei krankheitsbedingten Schwierigkeiten mit dem Herzen. Zusätzlich ist der „Mountain Body" ein aktives Entspannungstraining für physische Belastungssituationen im Alltag und bewirkt ein ökonomischeres Bewegungsmuster und eine verbesserte Selbstwahrnehmung des Körpers.

Energy Shake

Der Energy Shake lässt den „Motor" warm laufen und seine optimale Drehzahl finden. Energy Shake ist eine Schüttelübung, die die Energiebahnen des Körper aktiviert und ähnlich dem Wippen auf einem Trampolin mit weicher Bespannung ist.

Energy Shake wird in entspannter, stehender Haltung ausgeführt. Der Körper kann in dieser Übung auch wie eine sich behutsam einschwingende Gummipuppe empfunden werden, wie ein „Michelin-Männchen".

Begleitet wird die Übung durch die Vorstellung, dass die Füße Wurzeln im Boden haben und ein imaginärer Faden den Kopf an seinem höchsten Punkt sanft nach oben zieht. Die Arme hängen in natürlicher Haltung seitwärts am Körper.

Die Augenlider fallen sanft wie sich schließende Vorhänge, lediglich ein schmaler Lichtspalt dringt durch die fast geschlossenen Augen, wodurch Akupunkturpunkte im Körper angeregt werden.

Auch die „vier inneren Bewegungen" können noch einmal durchgegangen werden, um den Körper gut zu verankern.

Nun beginnt die Ganzkörper-Schüttelbewegung. Sie wird aus den Fußsohlen und Unterschenkeln initiiert, die Fußsohlen haben dabei permanent Kontakt mit dem Boden.

Während des Schüttelns soll der Körper nicht starr stehen, eher *wie ein Bambus im Wind*.

Der lachende Atem ist ein weiterer Bestandteil dieser Übung: das Ausatmen wird von einem "Ha–ha–ha–ha –ha–ha-ha–ha" begleitet und durch die sanfte Aufmerksamkeit auf den Hara in kleinen Schritten länger bzw. tiefer.

Nach einigen Minuten lässt der Übende langsam die Übung ausschwingen, bis er ruhig und wieder entspannt aufrecht steht.

Nun stellt man sich für einige Momente während des Ausatmens vor, verbrauchte Energie durch die Fußsohlen abzuleiten.

Den Abschluss bildet für einige Augenblicke die Vorstellung, dass der Körper nun frische Energie durch die Fußsohlen aufnimmt.

Indische Yogis betrachten muskuläre Verspannungen und Blockaden als Ablagerungen im Organismus, die durch Übungen der im Yoga bekannte Lebens- und Atemenergie „Prajna" wieder abgebaut werden können. Das ähnelt einigen positiven Wirkungen des Energy Shake:

- das Lösen muskulärer Blockaden
- Entspannung und Optimierung der aufrechten Körperhaltung
- Verbesserte Durchblutung der Gelenke und der Wirbelsäule
- Anregung des Lymphsystems
- Unterstützung des Entgiftungs- und Entschlackungsprozesses
- Anregung der Verdauung

Kreisschläge: Joggen mit den Armen

Eine Basisübung im Buddhaboxen sind die sogenannten Kreisschläge: in entspannter Haltung der Schultern beginnt man unterhalb des Solarplexus mit einer kreisrunden Schlagbewegung beider Arme. Um hier eine fließende Ganzkörperbewegung und eine angenehme Grundspannung zu erreichen, unterstützen wir die Kreisbewegung unserer Arme mit den energetisierenden Vorstellungen „Ich stehe unter Wasser" und „Ich drehe mit dieser Bewegung ein Wasserrad": so werden die Kreisschläge als Basis der Boxbewegungen von der Vorstellung, das Wasserrad einer Mühle zu drehen, *rund* gemacht und energetisiert.

In der Links- bzw. Rechtsauslage oder auch parallel stehend wird aus der Fußsohle eine leicht pendelnde Bewegung des gesamten Körpers ausgelöst. Die Bewegung geht von der Fußsohle ununterbrochen bis zu den Fäusten, die mit einem leichten Tonus geschlossen werden. Auch die Kreisschläge werden vom lachenden Atem begleitet.

Warum löst sich in dieser Übung der Einfluss des Denkens auf den Körper?

In einzelnen, endenden Bewegungen und immer neuen Bewegungsanfängen zum Beispiel im „Sport" initiiert und formt das Denken jeden neuen Bewegungsimpuls, insofern entsteht immer eine neue, mechanische Bewegung.

Im tendenziell „anfangs– und endlosen" Durchschlagen – den Kreisschlägen - verändert sich mechanische, bruchstückhafte Bewegung in organische, ganzheitliche Bewegung. Das Andauern der einen Bewegung über einen längeren Zeitraum lässt den kontrollierenden Gedankenimpuls verschwinden und die Intelligenz der körperlichen

Selbstregulation die Führung übernehmen. Ähnlich dem Zustand des Joggens nach einigen Kilometern, verschwendet der Körper automatisch keine Energie mehr für begleitendes, analysierendes Denken: *Es läuft, wenn ES läuft.*

Organische Bewegungen

Durch die Tendenz hin zu einer Kontrolllosigkeit des Denkens über die Körperlichkeit verwandeln sich mechanische in organische Bewegungen. Und damit entsteht eine deutlichere physische Präsenz, die sich *verbunden mit* statt *getrennt von* ihrer Umwelt fühlt. Eine solche physische Präsenz ist auch energetische Stärke, aber nie gewalttätig oder absichtlich verletzend, denn dafür müsste der „denkende Widerstand" im Empfinden von Trennung die Idee haben, ein äußeres Objekt – hier den Praxispartner – bekämpfen und besiegen zu wollen. Im gemeinsamen energetischen Feld des Buddhaboxens werden so Verletzungsrisiken – sowohl physisch als auch psychisch – minimiert.

Kennzeichen des Übergangs von mechanischer in organische Bewegung sind körperliches Wohlbefinden und mentale Erleichterung, das Stresslevel für den Körper ist deutlich geringer als bei üblichem „Sport" bei gleichzeitig verbessertem Trainingseffekt: Überanstrengung wird vermieden, die Erholungszeit ist kürzer und nach dem Üben fühlt der Buddhaboxer sich eher energetisiert als ausgelaugt.

In einem vom Denken unbeeinflussten Zustand wird der Körper *vom Leben gelebt* und reguliert. Energie kann unbeeinflusst wirken.

Folgerichtig findet am ehesten im Tiefschlaf eine natürliche Selbstregulation des Körpers statt. Und genau deshalb empfinden sich Menschen nach ausreichendem Schlaf ausgeruht und energiegeladen.

„Thought is after all vibration. Your breath and thought are closely related. This is why you want to control your breath. And that in a way is controlling your thought for a while... In exactly the same way, anything you do to hold the flow of your thoughts, is going to choke you to death." – U. G. Krishnamurti

Die Ebene der Vorstellungen

Die im Buddhaboxen eingesetzten Vorstellungen sind Paradoxien oder auch „Wendeworte", die der Homöopathie vergleichbar im Organismus wirken. So werden Vorstellungen zu einem energetischen Wirkstoff. Allen Vorstellungen im Buddhaboxen wohnt eine Tendenz zur Idee des „Wuwei" inne, die bewirken kann, dass im Körper eine Ent-spannung eintritt, die dann wieder Ursache einer verbesserten Selbstregulationsfähigkeit sein kann.

Als ein erstes Beispiel sei die Vorstellung „Widerstandslosigkeit" genannt.

Aus „Widerstandslosigkeit" entsteht eine Tendenz hin zu einer organischen Natürlichkeit der Bewegungen des Körpers ohne Einmischung des Wollens. Energetische Widerstandsmuster werden gelöst, es entstehen individuellere Bewegungsmuster, und die Sinnesempfindung wird sensibilisiert.

Die Vorstellung „Widerstandslosigkeit" löst sozusagen die Energie, die normalerweise zellulär durch jahrelange, willentliche Anstrengungen des Denkens in verhärteten Bewegungsmustern gebunden wurde (als Beispiel die Wiederholung der immer gleichen Bewegungen in Sportarten). Eine starke Verkapselung von Energie findet auch in den ersten Lebensjahren bis zur Pubertät statt, wenn sowohl das engere soziale Umfeld als auch die Schule, der Sportverein und die Gesellschaft generell erzieherisch auf bis dahin relativ freie körperliche Bewegungsmuster und damit energetisches Potenzial einschränkend einwirken.

In der Praxis des Buddhaboxens lösen sich die verhärteten Widerstandsmuster des denkenden Verstandes – die den Körper formatiert haben - im lachenden Atem hinein in natürliche Bewegungen des "Widerstehens" oder "Mitgehens" aus der Körperintelligenz.

Die Vorstellung "Widerstandslosigkeit" bedeutet, einer Blockade der energetischen Veränderung jeden Momentes widerstehen zu können. Eine Paradoxie für den Verstand, kein Problem für den intelligenten Körper.

Eine mentale Vorstellung wie zum Beispiel „Widerstandslosigkeit" ist somit ein aktiver Konfliktlösungsansatz. Wirkt die Vorstellung, gehen zum Beispiel widerständige Bewegungen zweier Partner in einer gemeinsamen Bewegung auf. Dann ist eine gemeinsame Bewegung im gemeinsamen Feld vorhanden.

In dieser gemeinsamen Bewegung, die nicht willentlich herbeigeführt werden kann, verschwinden Vorstellungen wie Sieger und Verlierer: denn solche Vorstellungen tragen massiven Energieverbrauch, Konfliktpotential und Verletzungsgefahr in sich.

Ein weiteres Beispiel für wirksame Vorstellungen als Praxis des Buddhaboxens ist „Anstrengungslosigkeit". Jegliche „Anstrengung" wird willentlich vom denkenden Verstand ausgelöst. Selbst die Vorstellung „sich nicht anstrengen – anstrengungslos sein" ist auch noch aus dem Verstand geboren und nur eine subtilere Form der Anstrengung.

Anstrengungslosigkeit entsteht durch die Entspannung des Verstandes. Anstrengungslosigkeit bedeutet Zulassen. Anstrengungslosigkeit bedeutet nicht Faulheit: Anstrengungslosigkeit bedeutet, selbst zur Faulheit zu faul zu sein.

Wenn der Körper das Bedürfnis hat, zu „arbeiten", also sich zu bewegen, so kann das eigentlich relativ anstrengungslos geschehen. So kann die Vorstellung „Anstrengungslosigkeit" als mentaler Impuls eine Erinnerung des Körpers initiieren: als Baby war alle körperliche Bewegung anstrengungslos. Warum?

Das Baby hat noch keine Idee von „sich anstrengen" und demzufolge auch kein Ziel daraus in Zeit. Mental ist das Baby also tatsächlich im „Hier und Jetzt". Allerdings, ohne ein „Hier und Jetzt" zu kennen – und trotzdem funktionieren die körperlichen Bewegungsabläufe und Pulsationen in Perfektion bei einem Baby: *Der Körper als Perpetuum Mobile seiner selbst!*

So „wie der Mensch am Morgen *von selbst* aufwacht und am Abend *von selbst* einschläft": kann so im Alltag – ohne Bemühung und Kontrolle – gehandelt werden?

„Doch irgendwie hast du immer Angst davor, das du was nicht kontrollieren kannst, das irgendetwas passieren kann, was du nicht möchtest. Du hast Angst, die Kontrolle zu verlieren, die du nicht hast. Aber dein Körper ist immer auf Autopilot gestellt. Dein Fühlen. Dein Denken. Alles. Der Zug fährt von alleine."
– Karl Renz

Auch die Vorstellung „Wirkungslosigkeit" hat zum Ziel, ein Verständnis dafür zu entwickeln, wie das Denken den Körper beeinflusst und dort Energien einkapselt und blockiert. Jede Handlung beeindruckt unseren denkenden Verstand mit einer für-wahrnehmbaren Wirkung und hinterlässt so einen Ein*druck*. Die Vorstellung „Wirkungslosigkeit" zielt allein auf die Handlung, nicht auf das Abspeichern eines späteren Eindrucks in das Bewusstsein als Erinnerung. *Eindrücke* drücken auf das freie Fließen der Energie.

Genau so ist die Vorstellung „Leistungslosigkeit" ein Hinweis auf die unverzerrte, natürliche Leistungsfähigkeit jedes menschlichen Körper-Verstand-Organismus „aus sich selbst heraus".

Erst Vorstellungen des Verstandes über „mehr und bessere Leistungsfähigkeit" führen zu einer Verzerrung der biologischen Abläufe im Körper. Diese Verzerrungen bedeuten energetischen Verlust und nur scheinbar einen Vorteil. All diese vorgestellten

Ansprüche kommen aus der menschlichen Gesellschaft: du formst dich nach den Idealen, die dir andere Menschen versprechen.

Diese Ideen sagen dir: „Jetzt bist du nicht in Ordnung!" Sie versprechen dir mehr Stärke, Selbstsicherheit, Möglichkeiten, Anerkennung, Liebe, Gesundheit und Wohlbefinden. Letztendlich jedoch bringen sie nur noch mehr Unordnung in dein energetisches System!

Haben dich all diese Versuche und Bemühungen jemals zufrieden gestellt? Dich zu dir finden lassen? Dir Wohlbefinden geschenkt? Dich entspannt?

Treffen wollen, nicht getroffen werden wollen

Diese Vorstellung ist ein Praxisbeispiel für „angestrengten Widerstand", denn in den Partnerspielen des Buddhaboxens verhindert sie effektiv die Tendenz hin zu gemeinsamer organischer Bewegung zugunsten isolierter, konfrontierender Ego-Bewegung des Körpers, die dann immer zu Konflikt, Konkurrenz, Sieg, Niederlage, Neid, und Hass aus relativer Vorteilssucht führen kann.

Überall im Alltag wohnt diese mantraähnliche Vorstellung (die eine egozentrische Sucht nach einem Vorteil ist) unserem Handeln inne: in Diskussionen, in Gesprächen, wo wir Recht haben wollen, Recht bekommen wollen, wo wir Gleichgesinnte zur Stärkung unseres Meinungsbildes suchen, sozusagen dort *die Treffer unserer Meinungen* setzen. Und in der schönen Welt der Schnäppchen wollen wir nicht, „dass der Geldbeutel getroffen wird", sondern dass wir einen „Vorteils-Treffer" landen. In Beziehungen, beim Sex, bei der Arbeit, unter Freunden: überall suchen wir unentwegt danach, die für uns günstigsten Treffer zu landen.

In den Partnerspielen des Buddhaboxens hingegen können wir testen, wie es ist, nicht mehr dem Mantra „Treffen wollen, nicht getroffen werden wollen" blind zu folgen: wie reagieren wir, wenn wir uns weder mit aller Macht willentlich durchsetzen wollen noch uns als Opferlamm hinstellen, sondern den Körper jenseits der Konvention einfach mal machen lassen, „wie er denkt"?

Ohne Standpunkt. Punkt.

Wenn der Mensch einen Standpunkt einnimmt, hat er eine relative (relativ zu anderen Standpunkten) Position eingenommen, ist einschätzbar und damit angreifbar und widerlegbar. Ein Standpunkt ist der Anfang des Spezialisten. Es gibt etwas (eine Sichtweise oder Erkenntnis) zu verteidigen. In der Folge verengt sich die Sichtweise, es werden unterstützende Argumentationen angesammelt, um den Kampf zu gewinnen gegen andere Meinungsbildende.

Alle *Stand*punkte sind Ideen, geboren aus Unwissenheit: müsste etwas verteidigt werden, was tatsächlich *ist*? Verteidigt werden müssen nur Dinge, die unsicher sind, weil sie künstlich zusammengefügt wurden vom denkenden Verstand.

Wenn du einen Standpunkt vertrittst, bist du angreifbar. Wie kommst du da raus?

„Ohne Standpunkt" ist man fest verwurzelt in der Existenz.

Nothing to do, nowhere to go

Diese Vorstellung zielt vor allem auf die Idee des *Hier und Jetzt*: mental wird so die Aktivität ausschließlich auf die Vorgänge des jeweils aktuellen Augenblicks gelenkt, die Gedanken wandern nirgendwo anders hin ab. So kann eine stärkere energetische Sammlung stattfinden.

Übersetzt kann „Nichts zu tun, kein anderer Ort" einen Geschmack der Stimmung vermitteln, die die Blockaden der zielgerichteten, willentlichen Anstrengung in den Moment hinein löst. Paradoxerweise kann die Wirkung dieses Wendewortes – „Nothing to do / Nichts zu tun" - dazu führen, das dass, was gerade im Moment erledigt werden soll, tatsächlich ohne weitere Spekulation und Umwege erledigt wird.

Neben den mental beeinflussenden Vorstellungen gibt es auch Vorstellungen, die direkt den physischen Körper betreffen. Um deren Wirkung zu veranschaulichen, bietet sich folgende Übung an:

- Beide Hände werden wie zu einem Gebetsgruß an der Handwurzel aneinander gelegt.
- Die Augen werden geschlossen.
- Es wird sich eine Minute lang sanft auf den Gedanken konzentriert, dass die Finger der linken Hand in den Himmel wachsen.

Danach kann man in der Regel wahrnehmen, dass die Finger der linken Hand tatsächlich länger geworden sind.

So gibt es also zwei Arten von Vorstellungen: Vorstellungen wie „Widerstandslosigkeit" lösen mentale Blockaden. Vorstellungen wie „Sich im Wasser bewegen" beeinflussen den Körper direkt.

Partnerübungen

Partnerübungen

Einstimmung: Das Zahlenspiel

Die Buddhaboxer stehen im Kreis und versuchen spezielle Schlagabfolgen, die vorgegeben werden, zum Beispiel links – rechts – links schlagen.

Währenddessen wird im Kreis reihum gezählt.

Immer dann, wenn zum Beispiel als „7er – Zahlenspiel" die Zahl 7 multiplikativ oder in der Zahl vorkommt - also bei 7, 14, 17, 21, 27, 28, 35, 37, 42, 47, 49 - , wird von der betreffenden Person „ha" gerufen.

Alle anderen Zahlen werden normal weiter gezählt ... 5 - 6 - ha - 8 - 9 - 10 - 11 - 12 - 13 - ha - 15 - 16 - ha - 18 - 19...

Auch die Zahlen 4, 5 und 6 sind für das Zahlenspiel gut geeignet. Wichtig ist, dass das Zählen schnell und ohne Unterbrechung erfolgt.

Die Schwierigkeit im Zahlenspiel besteht darin, sich sowohl auf die Zahlenfolge zu konzentrieren, als auch auf die Schlagabfolge. Mit dieser „doppelten Kontrolle" ist der Verstand schnell überfordert. Das doppelte Zählen löst die Kontrolle und Zielführung des Verstandes. So kann ein erster Eindruck von organischer Bewegung entstehen.

Nach dem ersten Verzählen, das mit Sicherheit auftritt - macht die gesamte Gruppe in Zeitlupe entweder Liegestütze, Kniebeugen oder eine Lachübung.

Im Zahlenspiel zeigt sich, wie stark der Verstand versucht, die Situation zu kontrollieren und zu bewältigen. Um einen Geschmack von organischer Bewegung zu bekommen, muss zunächst der unangenehme Druck mechanischer Bewegung (die vom denkenden Verstand kontrolliert wird) deutlich werden.

Der nonverbale, physische Dialog

Fragesteller: „Wie wendest du deine Techniken, die du Jahrzehnte hart erlernt hast, im Kampf an?"

Bruce Lee: „Ich vergesse sie."

Fragesteller: „Und was machst du mit deinen Gegnern?"

Bruce Lee: „Welche Gegner? Ich kann keine Gegner erkennen."

Immer wieder hört man: Meditation im Ruhezustand sei alles andere als einfach, Meditation in Bewegung sogar noch schwieriger.

Wie soll dann in Übungen, in denen auch noch ein Partner dabei ist, ein meditativer Zustand erreicht werden? Und was ist eigentlich ein meditativer Zustand?

Das Kampfspiel junger Löwen

Wenn junge Löwen spielend kämpfen, leitet sie kein Ehrgeiz. Das Kampfspiel dient dazu, eine Vielzahl noch nicht entdeckter Fähigkeiten zu entfalten. Junge Löwen leben die Freude an sich selbst, ihrem Wesen, ihrem eigenen natürlichen Energiefluss.

Sie stehen sich nicht dabei im Weg. Doch wann steht man sich beim Buddhaboxen bei der Entfaltung der eigenen Möglichkeiten im Wege?

Zum Beispiel, wenn man den Übungspartner als Konkurrenten wahrnimmt. Dann kann die eigene Energie gleich Konkurs anmelden. Denn es bewirkt, dass man sich auf das Handeln des Gegners konzentriert, es bewertet und aus dieser Fixierung reaktiv handelt. So verliert man den Kontakt zum natürlichen Fluss der eigenen Energie.

Auch steht sich der Übende selbst im Weg, wenn er Schlachtpläne ersinnt. Dann leitet das Denken des Übenden die Energie und zwängt sie in das zuvor Erdachte.

Was hingegen machen junge Löwen? Weder nehmen sie ihre „Sparringspartner" als persönliche Konkurrenten wahr, noch ersinnen sie einen Schlachtplan. Sie werden von der Intelligenz ihres Körpers geleitet - und von der Freude an Bewegung und Entfaltung. Sie haben keine Zielvorstellung. Sie sind absolut präsent und nicht blockiert durch Vorstellungen.

Junge Löwen *lassen* handeln, leisten keinen inneren Widerstand, fließen energetisch mit und entwickeln sich zu prächtigen Kämpfern – ohne dass sie jemals ein Wort einer Unterweisung gehört hätten!

Der Übungspartner wird als positives Werkzeug gesehen, ohne das die Entwicklung des eigenen Potentials gar nicht möglich wäre: erst in den Kampfspielen erkennt der Übende, wo Blockaden und Widerstände den Energiefluss schwächen. Erst im Spiel mit dem Partner erscheinen neue, lösende Lösungen auf allen Ebenen. So ist der Übungspartner Katalysator für eine positive Entwicklung.

In den Buddhabox-Partnerübungen wirkt die Vorstellung unterstützend, dass die Übenden Energiefelder sind. Sie tauschen sich aus, gleichen ihre Frequenzen in den Übungen an und harmonisieren sie damit. So erhöhen sie im Austausch ihre jeweiligen Energielevel. Deshalb ist eine freundschaftliche Grundstimmung gegenüber dem Übungspartner von großem Vorteil.

In den Partnerübungen des Buddhaboxens ist der „junge Löwe" eine grundsätzliche Einstellung.

Buddhaboxen unterstützt die Freude an der eigenen Energie und die Entfaltung des Potenzials.

Boxen? „Soft Touch"!

Die Schlagbewegung im Buddhaboxen wird als „Soft Touch" bezeichnet: der Soft Touch soll mit einem stabilen energetischen Tonus, jedoch nicht mit muskulärer Härte, ausgeführt werden. „Der junge Löwe" spürt sofort, wenn er den Partner verletzen würde und drosselt seine Aktivität bzw. handelt spontan anders, zum Beispiel indem er durch Schnelligkeit oder Geschicklichkeit (körperliche oder taktische) neue Lösungen der Situation präsentiert.

Richtig ausgeführt, energetisiert der Soft Touch beide Übungspartner.

Muskuläre Härte ist eine körperliche Blockade, die den Fluss des Qi behindert. Natürlich taucht sie auf – besonders zu Beginn des Übens. Tritt in den Partnerübungen muskuläre Härte auf, so können wir feststellen, ob wir im Übungszustand sind: denn im Übungszustand nehmen wir die Härte sofort heraus und ändern die Frequenz.

Im Kämpfen das Kämpfen beenden

Ein höchstes Ziel der Kampfkunst ist es, im Kämpfen das Kämpfen zu vergessen. Hier sei an das vorangestellte Zitat von Bruce Lee erinnert.

Auch an dieser Stelle spielt das Lachen im Buddhaboxen eine zentrale Rolle. Ein Grund dafür ist, dass wir im Lachen oder Weinen keine zielgerichteten Vorstellungen entwickeln können.

So soll uns das Lachen den Geist des jungen Löwen spüren lassen. Das Lachen löst die im Denken gebundene Energie und führt nach und nach in freies

Fließen hinein. Eine Begleiterscheinung dieses Prozesses ist Wohlbefinden.

Bekannt ist dieses Phänomen auch als „Floating" oder „Floweffekt" und kann zum Beispiel auch nach einigen Kilometern Joggen auftreten.

Junge Löwen erinnern die Kampfabläufe nicht oder denken darüber nach. Ihr Körper aber speichert die Erfahrung zellulär und kann in der nächsten, ähnlichen Situation optimaler reagieren.

„Das Klavier erschafft die Musik, nicht du. Die Musik ist im Instrument, nicht in dir. Es benutzt deine Hände. Wenn du versuchst, Musik zu erschaffen, ist es eine Technik, so wie der Zimmermann einen Tisch oder Stuhl herstellt. Mit der Malerei verhält es sich genau so." – U. G. Krishnamurti

Das Instrument des Buddhaboxens ist dein Körper. Dein Körper erschafft die Musik deines Lebens.

Die Praxis der Partnerübungen

Begrüßungsschläge

Kreisschlagend bewegen sich die Buddhaboxer frei im Übungsraum. Begegnen sie sich, tauschen sie einige Schläge auf die Handschuhe des Übungspartners aus und entfernen sich nach einigen Momenten wieder voneinander. Auch diese Übung kann vom lachenden Atem begleitet werden.

Alle schlagen in die Mitte

Die Buddhaboxer stehen mit Boxhandschuhen in einem engen Kreis, schlagen gleichzeitig Kreisschläge in eine imaginäre Mitte und lassen sich dabei nicht von den Boxbewegungen der Anderen ablenken. Es wird mit Grundspannung in die Leere geschlagen. Jeder bleibt bei sich, der lachende Atem begleitet. Es wird abwechselnd in Links- und Rechtsauslage geboxt und sich in der jeweiligen Richtung der Auslage im Kreis bewegt.

Boxmassage

Die Boxmassage tonisiert und stärkt die Muskulatur des vorderen Rumpfes, vor allem der Bauchmuskulatur:

Ein Übungspartner nimmt die Hände auf den Rücken, während der andere mit geringer Schlagintensität seine Bauchmuskulatur mit pausenlosen Soft Touch-Schlägen „massiert" und energetisiert.

Die Übenden bewegen sich dabei frei durch den Raum.

Der „Massierte" kann durch eine „schiebende" Vorwärtsbewegung oder durch Zurückweichen das Timing und die Intensität mitbestimmen. Er hält durch den lachenden Atem die Muskulatur in einem leicht angespannten Zustand, so dass durch die Soft-Touch–Schläge keine negative Wirkung für den Körper entstehen kann.

Auf die Handschuhe

Die beiden Übungspartner schlagen sich in einer Dauerschlagbewegung auf die Handschuhe. Sie bewegen sich dabei durch den Raum.

Ein gemeinsamer Rhythmus, ein gemeinsames Timing entsteht, bis hin zum Finden einer gemeinsamen Intensität.

Es gibt keinen Angreifer und keinen Verteidiger. Es entsteht eine Bewegung der gemeinsamen Stärkung. Es wird energetisch und mit minimaler Härte geschlagen. Auch hier begleitet der lachende Atem.

Fechten mit der Faust

Die Buddhaboxer stehen sich in Linksauslage gegenüber und nehmen die rechte Hand auf den Rücken. Nun duellieren sie sich spielerisch mit der sogenannten „Führhand", hier der linken Hand. Anfangs wird nur auf die Handschuhe geschlagen. Später können auch Körpertreffer gelandet werden, wenn das Timing und das Gefühl für den Übungspartner entwickelt wurde und so Verletzungen ausgeschlossen sind. In der nächsten Runde findet „Fechten mit der Faust" in der Rechtsauslage statt, die linke Hand auf dem Rücken.

Diese Übung ähnelt einem Fechtkampf und trainiert zusätzlich das Timing, die Beinarbeit und das Distanzgefühl.

Störche auf einem Bein

In dieser Übung boxen die Partner jeweils auf einem Bein stehend. Das zweite Bein ist leicht angehoben und berührt den Boden nicht. Störche auf einem Bein kann als „Durchschlagen auf die Handschuhe" oder „Freestyle" praktiziert werden.

Auch diese Übung macht ein "sich auf einen gemeinsamen Rhythmus eintakten" notwendig und schult darüber hinaus die Koordination und den Gleichgewichtssinn.

Berührt das zweite Bein eines Boxers den Boden, machen beide einige Liegestütze oder lachen gemeinsam für einige Sekunden.

Doppelschlag mit Kniebeuge

Wiederum stehen sich die Partner in Halbdistanz gegenüber. Die Beine stehen parallel. In einem für beide angenehmen Tempo werden die Handschuhe gleichzeitig gegeneinander geboxt. Dabei wird eine gemeinsame, langsame Kniebeuge ausgeführt. Begleitet vom lachenden Atem, wird ein Rhythmus gefunden, der Atem vertieft und die Physis gestärkt.

Balance mit Ball

Ein Ball wird zwischen den Köpfen der Buddhaboxer eingeklemmt und beide beginnen mit der Übung „auf die Handschuhe". Fällt der Ball runter, machen beide Übungspartner drei Liegestütze, drei Kniebeugen oder eine Lachübung.

Aneinander kleben

In einem Interview zu der US-Serie "True Detective" berichteten die Hauptdarsteller Matthew McConaughey und Woody Harrelson darüber, dass ihre Choreographie einer wilden Kampfszene am ehesten einem Tanz ähnelte und erst dadurch ihren eigenen Rhythmus fand.

„Aneinander kleben" ist ein solcher Tanz: Zwei Partner stehen sich in Links – oder Rechtsauslage gegenüber. Ihre Boxhandschuhe berühren sich lückenlos während der Übung. Beide beginnen mit einer gemeinsamen Schlagbewegung und bewegen sich im Raum: Unterschiede in Tempo und Bewegungsdynamik machen sich bemerkbar.

Die Buddhaboxer sollen sich deshalb miteinander aus einer „kontrolllosen Kontrolle" heraus bewegen. Sie erzwingen nicht die gemeinsame Bewegung durch Abstimmung über Augenkontakt, durch Beobachten der Bewegung des Anderen oder durch verbale Verständigung. Lediglich aus dem Bewegungsbedürfnis der Körper heraus wird eine gemeinsame Bewegung initiiert.

Wenn ein Übender (oder beide) die Bewegung kontrollieren will, entsteht eine Blockade in der gemeinsamen Bewegung.

Aneinander kleben bewirkt eine Harmonisierung, eine Annäherung der Frequenzen der Übungspartner. Der Tanz entsteht.

Blindes Boxen

Die Übungspartner stehen sich in Links- oder Rechtsauslage in „Halbdistanz" – einem Abstand, in dem die bis zur natürlichen Haltung ausgestreckten Arme ohne Probleme den Körper des Gegenübers berühren können – gegenüber.

Die Augen werden leicht geschlossen.

Nun beginnen die Buddhaboxer mit einem sanften Freestyle, erspüren das Gegenüber, den Kontakt, die Distanz, das Getroffen-werden und das Treffen-wollen, die Berührungen, das Vermeiden, das Versuchen...

Begleitet wird die Übung vom lachenden Atem, der hier die zusätzliche Funktion besitzt, die Position und Orientierung im Raum und zum Übungspartner zu finden.

Diese Übung ist dazu geeignet, ein Gefühl dafür zu bekommen, wie sehr unsere Orientierung in der Welt vom Sehen abhängig und gesteuert ist.

Eine sensibilisierte Körperwahrnehmung entsteht und intensivere, sensorische Bewegungen entwickeln sich.

Den Körper arbeiten lassen

Ohne Unterbrechungen findet ein „Durchschlagen" in Form der Kreisschläge – also eine möglichst pausenlose Schlagbewegung beider Übungspartner – statt.

Beide finden sich im Rhythmus ein - Bezeichnungen wie „eigener Rhythmus" oder „gemeinsamer Rhythmus" sind bereits eine überflüssige Vorstellung.

Es soll darauf geachtet werden, dass in der eigenen Bewegung keine Unterbrechung bzw. Lücke entsteht. In dieser lückenlosen Bewegung muss der Gedanke „Schlagen" nicht Intention sein, so kann die Schlagbewegung auch Abwehrbewegungen in Bezug auf die permanente Schlagbewegung des Partners beinhalten.

Anfangs schlagen die beiden Partner jeweils auf die Handschuhe des Anderen, mit einiger Erfahrung kann dann auch „auf den Körper" geschlagen werden – mit der Intention, durch „Soft Touch" den Körper des Übungspartners zu stärken und energetisieren.

Warum aber soll eine ununterbrochene Bewegung ausgeführt werden? Weil in jeder Unterbrechung der denkende Verstand sofort eine Analyse vornähme und augenblicklich die fließende Bewegung unterbrochen würde.

Initiator in dieser Übung soll deshalb die Intelligenz des Körpers sein. Deshalb stimmen sich die Übungspartner nicht willentlich ab, weder durch Sprache oder Gesten, noch durch Blickkontakt.

In der Aufmerksamkeit auf den lachenden Atem lässt man die willentliche Kontrolle beiseite und lässt zu, dass die Körper ihren Rhythmus finden können. Das Denken löst sich und überlässt den Körpern das

Handeln. Hier unterstützt die Vorstellung "Gedanken verdunsten im Körper wie Regentropfen im Wüstensand" die Umsetzung der Buddhabox-Praxis.

Freestyle

Jeder ist anders. Und auf jeden stimmt man sich anders ein. Gemeinsam stärkt und energetisiert man einander. Freestyle ist ein physischer Dialog.

Physisch ist es angelegt wie das Sparring des klassischen Boxens. Allerdings werden nur Soft Touch-Schläge ausgeführt, und es wird nur auf den Körper oder alternativ auf die Boxhandschuhe geschlagen.

Die Buddhaboxer erinnern sich an den lachenden Atem, so dass der Körper die Regie übernehmen kann.

Zu Beginn entstehen im Kampf gewiss wieder Auseinandersetzung und die Suche nach Harmonie und Vorteil. Mit der Zeit und der Führung durch den Körper wird aus Gegeneinander und Blockade ein Miteinander.

Freestyle ist außerdem ein natürliches Rollenspiel: unsere Haltungen, unsere Handlungsmuster und Konditionierungen dürfen sich zeigen und unkommentiert demaskieren.

Zum Dialog-Kampf treten an: der Rationale, der Ehrgeizige, der Kämpfer, der Verträgliche, der Depressive, der Lustige, der Skeptiker, der Positive, der Verstehende, der Verständnisvolle, der Ernsthafte, der Psychologe, der Gebildete, der Sportler, der Prolet, der Philosoph, der Arbeiter, der Besserwisser, der Berserker, der Spinner und viele andere - und alle natürlich auch in weiblicher Form.

Diese Typen sind es, die uns im Alltag handeln lassen. Oft sind sie verborgen oder verdrängt. Und können uns doch blockieren und unglücklich machen.

Buddhaboxen macht sie durchlässiger: im Erkennen der unbewussten Reproduktion dieser mechanischen Figuren löst sich ihre blockierende Energie.

Es darf herzlich gelacht werden.

Es ist ein kostenloser Kurs im Wundern!

Übungen in der Gruppe

Alle Partnerübungen können auch in der Gruppe durchgeführt werden.

Teamwork

Es haken sich jeweils zwei Übungspartner unter und absolvieren ein lachendes Gefecht gegen ein weiteres Zweier-Team. Jeder Übende hat nur eine Hand für Schlag- und Abwehrbewegungen zur Verfügung. Man muss sich mit dem Partner über Tempo, Distanz, Bewegungsrichtung und Taktik abstimmen. Getroffen werden können je nach Absprache nur die Handschuhe oder auch der Körper.

Nach jeweils einem Durchgang mischen sich die Teams. So bildet man mit jedem der Übenden einmal ein Team. „Teamwork" kann alternativ auch als „Zwei gegen Eins" – Übung durchgeführt werden.

Let Go – die abschließende Entspannung

In den Partnerübungen, und gerade im Freestyle werden all unsere Angriffs- und Verteidigungsmechanismen ohne Absicht aktiviert. Das kann vor allem am Anfang zu deutlich gesteigerter körperlicher Erregung und Aktivität führen. Daraus folgend sind Muskelverspannungen und Erschöpfungsgefühle möglich. Das „Let Go" reguliert diese Überspannung zurück auf ein Normalmaß.

Das „Let Go" kann aus unterschiedlichen Entspannungsübungen bestehen, von denen hier einige beschrieben werden. Einfachheit und Mühelosigkeit sind dabei am Wichtigsten.

Im Wasser stehen

Die Übenden stehen mit geschlossenen Augen im Kreis und stellen sich vor, dass sie eine Wasserpflanze sind, die sich ohne eigenes Zutun von der Bewegung des Wassers bewegen lässt. Auch hier kann „dem Verstand Urlaub gegeben werden", temporär die kontrollierende Beobachtung des Körpers gelöst werden.

„Im Wasser stehend" wird subtilen körperlichen Verspannungen nachgespürt. Durch leichte Achtsamkeit auf die entsprechenden Körperstellen tritt dort Entspannung ein.

Diese Übung bewirkt eine Aktivierung des Parasympathikus und damit eine Beruhigung von Puls, Blutdruck und Atemfrequenz.

Die Atmung beruhigen

Im Anschluss an Freestyle gehen wir im Übungsraum „spazieren", dabei unterstützen wir die Beruhigung unserer Atmung, indem wir der Atembewegung mit einer sich hebenden und senkenden Bewegung beider Arme folgen und die Atmung dadurch sanft absenken.

Eine Kerze auspusten

Stehend stellen wir uns eine imaginäre Kerze vor: nun atmen wir ruhig ein, spitzen die Lippen und pusten die Kerze – begleitet von einem leichten Pfeifton im Ausatmen - aus. Diesen Vorgang wiederholen wir einige Male. Die Atmung beruhigt sich. Verbrauchter Restsauerstoff wird ausgeatmet. Frischer Sauerstoff wird aufgenommen.

Die Gravitationsübung „Fahrstuhl fahren"

Wir legen uns auf den Boden oder auf eine dämpfende Unterlage. Der Körper ist völlig entspannt. Es begleitet die Vorstellung „Ich liege auf dem Boden eines Fahrstuhls und fahre langsam abwärts." Diese Vorstellung bewirkt, dass sich die körperlichen Pulsationen in die Gravitation der Erde einklinken. So kann sie den Körper regulieren und regenerieren.

Alternativ kann auch die Vorstellung „Ich liege auf einer Wolke und schwebe langsam auf die Erde hinab" aufgerufen werden.

Der Minimal Energy Shake

Als Let Go–Übung wird der Minimal Energy Shake ohne jegliche Anstrengung ausgeführt: sanft gehen wir in ein minimales Schütteln, um muskuläre Verspannungen und energetische Blockaden zu lösen.

Das minimale Schütteln geht dann über in eine leicht schwingende Bewegung, die schließlich aus sich selbst heraus zur Ruhe kommt. Danach stehen wir noch einige Augenblicke lang still und spüren das Bedürfnis des Körpers, sich weiter leicht bewegen und aus sich heraus korrigieren zu wollen.

Die Liegeübung „Der ruhende Buddhaboxer"

Um eine Selbstregulation des Körpers zuzulassen, ist die Liegeübung "der ruhende Buddhaboxer" die Königsdisziplin.

Warum? Im Alleinsein in ablenkungsarmer Umgebung ist die liegende Position des Körpers die einzige Haltung, in der der Körper nicht mehr gehalten oder kontrolliert werden muss. Das Denken kann ruhen und der Körper gelassen werden.

- Der Buddhaboxer legt sich auf dem Rücken ab.
- Die Augen sind sanft geschlossen oder minimal geöffnet.
- Die Arme liegen in natürlicher Haltung dicht neben dem Körper.
- Alternativ kann die linke Hand in der Körpermitte auf dem Hara ablegt werden und die rechte Hand mittig in ungefährer Höhe der Thymusdrüse.

Weder satt noch hungrig, weder gestresst noch kraftlos, lässt man den Körper sanft abgelegt sein.

Die Welt kann vergessen werden, versinkend im Gefühl der Zustandslosigkeit:

Nicht wach sein wollend

Nicht schlafen wollend

Den Körper lassend

Verdunsten Gedanken

Wie Regentropfen im Wüstensand

Buddhaboxen als Energiemedizin

„Ich bin fest davon überzeugt, dass Fleisch und Blut weiser sind als der Intellekt. Das Körperunbewusste ist der Ort, an dem das Leben in uns wallt. Es lässt uns spüren, dass wir lebendig sind, lebendig bis in die Tiefen unserer Seele und irgendwo in Kontakt mit den

lebendigen Bereichen des Kosmos stehen." - D. H. Lawrence

Der „Mensch" ist auch ein elektromagnetisches Schwingungsfeld, und jeder dieser pulsierenden Organismen „Mensch" hat eine eigene Schwingungsfrequenz, unterschieden von allen anderen Frequenzen. Diese Unterschiedlichkeit ist notwendig, um in der Für-wahr-nehmung der Manifestation durch den Menschen ein Gefühl getrennter Identität wie „Ich und der Rest der Welt" bzw. „Ich und die Anderen" entstehen zu lassen. So entsteht eine Form der Wahrnehmung, die im Menschen die Dualität erschafft – das Gefühl, vom Rest der Schöpfung getrennt zu sein und aus dieser Getrenntheit zu handeln.

Eumetrie der Pulsationen

„Alles im Leben ist Schwingung" - Albert Einstein

Im Mikrokosmos „Mensch" stehen viele Pulsationen und Schwingungen miteinander in Wechselwirkung, so der Blutkreislauf, das Nervensystem, der Atem, der Herzschlag, die Darmtätigkeit, der Schlaf- und Wachrhythmus. Sie sind geprägt durch den endlosen Wechsel von Entspannung und Anspannung, Ladung und Entladung, von Ausdehnen und Zusammenziehen. Scheinbar pulsiert alles im Menschen. Und im Universum.

Pulsationen des Makrokosmos „Universum" sind das Erdmagnetfeld (magnetische Unruhe), die Gezeiten der Meere, Tages- und Jahreszeiten, Schwankungen des Erddurchmessers und Pulsationsveränderungen von Sternatmosphären. Pulsationen können also als natürliche Regulation manifestierter Energie verstanden werden.

Im Buddhaboxen ist das sogenannte vegetative Nervensystem von Interesse: dort findet die Pulsation der Antagonisten Sympathikus und Parasympathikus statt. Sie werden je nach Bedürfnis des Organismus im Dienst einer bestimmten Leistung aktiviert. So herrscht auch im vegetativen Nervensystem Eumetrie, also Ebenmaß: das ausgewogene Zusammenspiel von Sympathikus und Parasympathikus ist eine wichtige Grundlage für Gesundheit.

Eine starke Aktivierung des Sympathikus findet bei äußerem Stress statt: der gesamte Organismus bereitet sich auf Angriff oder Flucht vor. Das wird als „flight- or fight-reaction" bezeichnet. Alle Energien werden nach „Innen" geleitet, der Organismus kontrahiert und ist wachsam nach Außen gerichtet – die Atmung wird gesteigert, die Pupillen erweitern sich, der Blutdruck, die Muskeldurchblutung und die Herzfrequenz nehmen zu, wohingegen die Darm- und die Hautdurchblutung abnehmen. Prüfungssituationen sind ein Beispiel für einen maximal aktivierten Sympathikus.

Im Gegensatz dazu steht die Aktivität des Parasympathikus: zum Beispiel nach der Nahrungsaufnahme – der Organismus erweitert sich, dehnt sich energetisch nach Außen aus, ist im Zustand der Entspannung und die Aufmerksamkeit ist nach „Innen", also auf sich selbst und nicht auf die Umgebung, gerichtet. Der Mensch wird schläfrig, die Darmtätigkeit wird angeregt, der Blutdruck sinkt, das Herz schlägt langsamer und die Pupillen verengen sich.

Sympathikus und Parasympathikus sind funktionell nicht zu trennen, stehen in ständiger Wechselwirkung. Diese Pulsation, das Hin- und Herschwingen zwischen den beiden vegetativen Polen, ist eine Grundfunktion des Lebendigen. Sowohl ein Verharren in der parasympathischen Expansion als auch ein Verharren im Zustand der sympathikotonen, angstvollen Kontraktion bringt unseren natürlichen Schwingungszustand aus dem Gleichgewicht.

Eine gesunde Schwingungsfähigkeit ist also an eine nicht blockierte Regulationsfähigkeit des Organismus gebunden. Da das vegetative Nervensystem keiner willkürlichen Kontrolle unterliegt, können wir die Tätigkeit der inneren Organe nicht willentlich steuern und alles willentliche Beeinflussen zum Beispiel der Atmung führt zu Verzerrungen der natürlichen Abläufe.

So ist auch hier die Idee des Wuwei, „dem Körper Urlaub zu geben" und ihn seiner Intelligenz zu überlassen, als möglicher Heilmechanismus, um die natürliche Schwingungsfähigkeit wieder zu erlangen, naheliegend.

Im Finden seines ihm eigenen und natürlichen Tempos und Rhythmus findet der jeweilige Organismus dann auch die ihm zusagende Conditio bzw. „Verfassung".

Deshalb kann „Gesundheit" aus energiemedizinischer Sicht nicht als Abwesenheit von Symptomen und Krankheiten definiert werden, sondern als die Fähigkeit zu lebendiger, rhythmischer Pulsation des vegetativen Nervensystems.

Das Buddhaboxen bietet Pulsationsübungen wie „unter Wasser stehen", den „Energy Shake", den „lachenden Atem" und diejenigen „Vorstellungen", die ein Einschwingen auf eine nicht manipulierte Frequenz ermöglichen sollen.

Die gemeinsamen Lachübungen lassen darüberhinaus die elektromagnetischen Schwingungsfelder „Mensch" resonieren und schaffen die Möglichkeit, sich auf eine gemeinsame Grundfrequenz einzuschwingen.

Die Partnerübungen des Buddhaboxens erlauben dem Körper, den Wechsel aus maximaler Erregung und deutlicher Beruhigung ausführlich zu erforschen. Daraus bildet sich eine vegetative Stärke: Natürliche, physische Reflexe stärken die physische Wahrnehmung der jeweiligen Situation, anders ausgedrückt „eine nicht-interpretative Wahrnehmung des Tatsächlichen." Oder um es mit U. G. Krishnamurti zu sagen: *„There is reflex action only when there is physical danger."*

Die Stärkung der Widerstandskraft

In bedrohlichen Situationen hat der Körper des Menschen die Möglichkeiten „Angriff" oder „Flucht".

Wird die Schwingungsfähigkeit des Organismus gestört, weil Energien nicht natürlich durch „Angriff" oder „Flucht" ausagiert werden können, so bilden sich zelluläre Verkapselungen, in denen diese überschüssige Energie gebunden wird.

Dies ist der Versuch der Körperintelligenz, aus der Situation das Beste zu machen: mit dem Einkapseln der überschüssigen Energie wird versucht, wieder eine freiere, dynamischere Schwingungsfähigkeit, jedoch auf energetisch niedrigerem Niveau, herzustellen. Eine Notlösung, die in unserer Gesellschaft jedoch eher die Regel ist.

Können „Angriff" oder „Flucht" jedoch erfolgreich ausgeführt werden, so kann die bedrohliche Situation zu großen Teilen „abreagiert werden": es findet keine Einkapselung der geschockten, bzw. traumatisierten, Energie statt.

Wir alle kennen das Bild einer erschreckten Katze, die wie von der Tarantel gestochen hoch springt: eine Regulation der durch den Schrecken aus dem Gleichgewicht geratenen Biochemie der Katze.

Genau diesen Verarbeitungsmechanismus regt Buddhaboxen in seinen Partnerspielen an: dort werden laufend die Trigger „Angriff" und „Flucht" ausgelöst und abreagiert. Da die Gruppenatmosphäre freundlich, spielerisch und angstfrei ist, entstehen keine blockierenden Aspekte.

Der lachende Atem ist eine intelligente Unterstützung: anstatt permanent die Situation zu analysieren und so die Körperintelligenz zu blockieren, wird gemeinsam „im Kämpfen lachend das Kämpfen" vergessen und dem Körper das Lösen der Situation überlassen.

Von dem spirituellen Lehrer Jiddu Krishnamurti ist bekannt, dass er, kurz bevor er eine Rede vor tausenden Zuhörern hielt, für einige Momente am ganzen Körper zu zittern begann. Nach Abklingen des Zitterns – dem physiologischen Abreagieren der „Angst" - hielt er seine Rede in vollkommener physischer Ruhe!

Lässt man den Körper „allein", also aus sich selbst heraus agieren, so hat er die Möglichkeit, als bedrohlich empfundene Sinneseindrücke abzureagieren und zu absorbieren, ohne das dies gravierende Spuren hinterlassen würde.

Es findet eine energetische Entladung statt, die ein Gefühl der Entspannung und Sicherheit nach sich zieht. Es werden die Widerstandskraft des Körpers und das Nervensystem gestärkt.

Gemäß des Mottos „die entspannteste Haltung ist die stärkste Haltung" kann Buddhaboxen als energetischer Entschleuniger verstanden werden.

Entspannung bezeichnet im Buddhaboxen eine energetisch starke physiologische Grundspannung: analog zum Bild eine fast ausgetrockneten Bambuspflanze, die bewässert wird und sich dadurch - in ihrer einer energetischen Grundspannung gestärkt - aufrichtet.

Das Wasser des Buddhaboxens ist das Qi.

Buddhaboxen und Gesellschaft

Fitness, Sport und Buddhaboxen

Die Fitness-, Wellness- und Healthfood-Bewegung ist zu einer Milliardenindustrie geworden.

Das Ziel ist, positive Ergebnisse in Bezug auf Gesundheit, Leistungsvermögen, Wohlbefinden und äußerer und innerer Attraktivität zu erlangen.

Es wird ein Mangel, ein Defizit angenommen, der behoben werden muss. Und fühlen wir uns nicht alle zeitweise irgendwie bedürftig, unvollkommen, ungeliebt und unverstanden?

Verunsicherung, ein Gefühl des Mangels und Selbstunsicherheit, sind jedoch Merkmale des menschlichen Daseins. Daran kann eine Gesundheitsbewegung zwar verdienen, sie wird sie aber nie beenden können.

Buddhaboxen unterscheidet sich von dieser Bewegung. Denn der Körper selbst weiß, was ihm gut tut und was das Angemessene für ihn ist.

Buddhaboxen gibt dem Körper wieder mehr Kontrolle über sich selbst und über die ihm innewohnende Intelligenz. Wer weiß besser als der Körper selbst, ob er arbeiten, sich bewegen oder ruhen will?

Buddhaboxen gibt dem Körper Urlaub.

Gehen wir noch tiefer: Der Körper selbst hat kein reflektiertes Bewusstsein seiner selbst, „er kennt" sich gar nicht! So ist alles aus dem Denken geborene Handeln eine Verzerrung der regulativen Funktionen des Körpers.

An all den Übungen und Nahrungsmitteln, die seinen Zustand verbessern sollen, hat der Körper selbst absolut kein Interesse. Und es gibt auch keine Notwendigkeit dafür.

Der Körper wird sich aus sich selbst heraus niemals in einen Zustand des Unwohlseins oder Ungleichgewichts bringen.

Aber was sollen wir tun? Nichts? Unmöglich. Der menschliche Geist ist eine Ansammlung von Ideen, die laufend energetische Impulse in körperliche Aktivität umsetzen.

Also können wir auch einfach Buddhaboxen üben. Warum nicht? Da fängt der Spaß an!

Buddhaboxen ist die Idee hin zu mehr Ideenlosigkeit. Die Erkenntnis, dass Erkenntnislosigkeit erleichternd sein kann. Im Buddhaboxen gibt es nichts zu tun. Das Ziel ist der Weg. Selbst Nichtstun ist zu anstrengend ebenso wie der Ehrgeiz, nicht mehr ehrgeizig sein zu wollen.

Sport braucht Motive, relative Vorteile: „Da fühle ich mich besser", „ich brauche das", „dann werde ich akzeptiert, bin beliebter und attraktiver", „ist gut für die Gesundheit", „bringt eine positivere Einstellung".

Doch braucht der Körper „Sport"? Verlangt er danach?

Was braucht der Körper wirklich? Was will er?

Im Buddhaboxen können Ehrgeiz, Konkurrenz, Vergleich usw. erkannt und enttarnt werden. Blockierte Energien werden nach und nach gelöst. So steht durch diese energetische Entschleunigung paradoxerweise mehr Energie und Klarheit des Geistes zur Verfügung.

Der chinesische Qi-Gong-Meister Zi Chang Li wurde gefragt: "Was sollte man als erstes unternehmen, um hundert Jahre alt zu werden?" Er antwortete: „Keinen Sport treiben. Damit eine Pflanze wächst, ziehen wir ja auch nicht an den Blättern." Aus dem alten China stammt auch die Weisheit „mit jedem Schritt, mit dem du außer Atem kommst, rennst du dem Tod etwas schneller entgegen."

Willentliche (Über-)Anstrengung ermüdet die Lebensenergie, ebenso wie die Entwicklung übermäßiger Muskulatur. Immer. Sie lassen das freie, unbeherrschte Fließen von Lebensenergie nicht zu.

Tatsächlich beschert das Zulassen natürlicher Ausdrucksformen des Körpers ein angenehmeres Körpergefühl und eine individuell angemessene Leistungsfähigkeit. Der willlentlich erzwungene, verzerrte Leistungsanspruch hat hier keinen Platz mehr.

Nach Erlernen der Basisbewegungen des Buddhaboxens entwickelt sich ganz von selbst die Freiheit des persönlichen Ausdrucks.

So kann Meditation auch praktiziert werden?

Die Sehnsucht danach, dass das Denken in einem *Hier und Jetzt*-Zustand endet, ist weit verbreitet. Dahinter verbirgt sich der Wunsch nach permanentem Wohlgefühl und Harmonie.

Dieser Wunsch ist immer da - die Verwirklichung lässt sich auf sich warten. Scheinbar. In Wahrheit entdecken wir im Buddhaboxen, dass Wohlgefühl und Harmonie bereits da sind. Sie werden lediglich überdeckt von der Suche danach. Diese Suche löst sich auf in der Gegenwärtigkeit des Buddhaboxens, wenn Körper, Seele und Geist sich austauschen, sozusagen gemeinsam üben und ihre glückliche Einheit entdecken.

Im Buddhaboxen zeigt sich der immer wieder auftretende Impuls des Kämpfens - und seine Überflüssigkeit. Dem Übenden öffnet sich die Tür aus dem Gefängnis seiner *Ernst-Haft*. Die Welt ist verblüffend heiter. Das lässt sich entdecken.

Die Partnerübungen bilden menschliche Konflikte ab, wie wir sie von den Eltern und aus den Medien erlernt haben: sich getrennt fühlend vom Rest der Welt, kämpft der Mensch um Vorteil, Anerkennung, Sicherheit. Diesen Kampf führt er mit Körpereinsatz,

Gestik und Sprache, *jedoch vor allem in Gedanken*. Im Buddhaboxen kommen diese Gedanken zur Ruhe. Der Konflikt löst sich energetisch.

Bewegt sich der Körper, bewegt sich der Geist. So ist Buddhaboxen eine Meditation in Bewegung. Sie führt zu einer natürlichen und zwanglosen, zunächst einmal physiologischen Stille. *Stille* bedeutet auch, dass sich die Biochemie des Körpers in einem ausgewogenen, bestens regulierten Zustand befindet.

Buddhaboxen im Coaching

Ist Buddhaboxen etwas für Manager? Nicht unbedingt. Es gibt ja das beliebte *Managerboxen*. Da sollen Führungskräfte in Boxkämpfen das Durchsetzungsvermögen trainieren. Und das funktioniert sogar! Sogar ziemlich genau bis zum Burnout.

Buddhaboxen hat nichts mit Ehrgeiz und Karriere zu tun. Es dient nicht dazu, Kontrolle über das Leben zu gewinnen. Stattdessen wird im Buddhaboxen erlebt, dass das Leben keineswegs ängstlich kontrolliert werden muss. Sondern dass das Leben denjenigen unterstützt, der sich entspannt von den tieferen Impulsen tragen lässt.

Buddhaboxen legt offen, was einmal *tiefere Intuition*, ein andermal *höhere Intelligenz* genannt wird. Der Name spielt keine Rolle, jedoch das Ergebnis: das entspannte Vertrauen in das Leben.

In dieser Hinsicht bietet Buddhaboxen tatsächlich Möglichkeiten im Coaching. Sie gehen weit über den gewöhnlichen Werkzeugkasten mentaler Tricks und Tipps hinaus. Die *Soft Touch*–Schlagtechnik und die *Energie-Minimal*-Techniken sorgen dafür, dass Frauen und Männer spielerisch agieren und sich kreativ erschöpfen können, ohne zu verkrampfen oder aus Angst zu handeln.

Genau das unterstützt auch das Standing in der Arbeitswelt. Denn was verbessert die Teamfähigkeit? Bestimmt nicht die Haltung, besser sein zu müssen, sich durchzubeißen oder den anderen zu besiegen! Erfüllend ist nur das gegenseitige Stärken und Unterstützen, das *spielerische* Ausleben von Konflikten und das Stärken persönlicher Fähigkeiten.

Das Üben der nonverbalen Kommunikation in der Gruppe wirkt Wunder für die Kommunikationsfähigkeit im Berufsleben. Die TeilnehmerInnen lernen, Ebenen zu erkennen und zu beherrschen, die gewöhnlich übersehen werden. Situationen im Arbeitsleben werden intelligenter gemeistert. Selbstsicherheit und Kompetenz steigen.

Das geschieht von selbst. Und zusammen mit dem immer tieferen Vertrauen ins Leben entwickelt sich im Buddhaboxen das, was den Buddha auszeichnet: kraftvolle Gelassenheit und heitere Ruhe.